FACULTÉ DE DROIT DE TOULOUSE

THÈSE

POUR

LA LICENCE

TOULOUSE

Imprimerie **Bayret**, **Pradel & Cᵉ**, place de la Trinité, 12.

THÈSE

POUR

LA LICENCE

SOUTENUE

EN EXÉCUTION DE L'ARTICLE 4, TITRE 2, DE LA LOI DU 22 VENTÔSE AN XII,

Par M. BÉNAC (Joseph),

Né à Boulogne-sur-Gesse (Haute-Garonne).

TOULOUSE

IMPRIMERIE BAYRET, PRADEL ET C⁰,

PLACE DE LA TRINITÉ, 12.

1859

A MES PARENTS. A MES AMIS.

JUS ROMANUM.

De vulgari et pupillari substitutione.

(DIG., Lib. XVIII, Tit. VI; INST. JUST., Lib. II, Tit. XV–XVI.)

PROLEGOMENA.

Neminem fugit quanti pretii esset apud Romanos non mori ab intestato, salvo nominis sui honore. Cujusque enim interest ut heredem certum habeat. Heredes a se institutos civis volebat, nec sibi tantum sed etiam liberis. Nam quia unus aut multi instituti erant, non fiebat ut de illa re omnino fidem habere possent; sæpe enim eveniebat ut institutis vel facultas vel voluntas hereditatem accipere non erat, sive ante cretionem morerentur, sive repudiarent hereditatem.

Et etiam paterfamilias quùm impuberem filium instituit heredem, nescit an iste usque ad pubertatis tempus vivere debeat; nec si alium substituit ipse intestato decedere potest. Itaque necesse est ut liceat, filio morituro aliquem substituere.

Hinc, jure Pandectarum, vulgares et pupillares quos enarraturus sum substitutiones evenere; prima nunc mihi inspicienda est.

De vulgari substitutione.

Vulgaris substitutio est secundo aut ulteriori gradu facta institutio, scilicet cum quis, si alter heres non erit, in ejus locum heres scribitur; nam semper facta est sub conditione. Veluti si quis dicat hoc modo : Titius heres esto : si Titius mihi heres non erit, Sempronius heres esto.

Plurimos autem heredi substituere fas est, arbitrio testatoris. Non est enim circumscriptus numerus. Possunt plures in unius locum substitui; verbi gratia : Primus heres esto; si Primus heres non erit, Secundus et Tertius heredes sunto; — vel unus in plurium loco; exempli causa : Primus et Secundus heredes sunto, si heredes non erunt, Tertius heres est; — vel singuli singulis; species est : Primus et Secundus heredes sunto, si Primus heres non erit, Tertius heres esto; si Secundus heres non erit, Quartus heres esto; — vel denique invicem ipsi qui heredes instituti sunt; hæc substitutio quæ reciproca, mutua, et a doctoribus breviloqua dicebatur, fiebat vel compendio sermonis, hoc modo : Primus, Secundus et Tertius heredes sunto, eosque invicem substituo; vel repetitis verborum nominibus, hoc modo : Primus, Secundus et Tertius heredes sunto; si Primus heres non erit, Secundus et Tertius heredes sunto; si Secundus heres non erit, Primus et Tertius sunto, si Tertius, Primus et Secundus. Cum vigerent leges caducariæ, hæc substitutio maxime utilis erat, nam nisi alter alteri substitutus fuisset, pars in caduca deficiens, à fisco fuisset vindicata. At substitutio jus caducorum excludit.

Si Titius coheredi suo substitutus fuerit, deinde ei Sempronius, verius puto in utramque partem Sempronium substitutum esse. Sic voluere per rescriptum Divi Severus et Antoninus, quæ regula sic expressa est : *Substitutus substituto, tacite videtur substitutus institutio.*

Quùm omnes instituti heredes omnibus invicem substituti essent, ejus portionem qui, quibusbam defunctis, postea portionem suam repudiavit, ad eum solum qui eo tempore supervixit ex substitutione pertinere (Paul, D., 28, t. 6, § 45).

In testamento solum fieri potest substitutio. In codicillis vero nec institui nec substitui directe potest, nisi a milite aut a parentibus inter liberos testantibus. Omnes substitui possunt, qui cum testatore factionem testamenti habent. Servus scribi potest tanquam heres, sive noster sive alienus sit; et libertatem ei dare oportet. Hoc modo : Stichus servus meus liber heresque esto. Item substitui potest, novissimo loco, in subsidium tanquam hæres necessarius.

Extinguitur autem substitutio vulgaris si substitutus ante testatorem moriatur, si deficiat conditio substitutionis apposita, si substitutus ipse hereditatem repudiet.

De substitutione pupillari.

Nunc de pupillari substitutione tractemus. Paterfamilias qui in potestate impubes filios habet non solum eis substituere potest, ut si heredes non sint, alius sibi sit; sed etiam aliquem substituere potest ut eorum proprius sit heres, si antèquam adoleverint moriantur (Gaïus, ii, § 179). Ecce autem substitutio pupillaris : *Titius filius meus heres mihi esto et si filius meus heres non erit sive heres erit et priùs moriatur quàm in tutelam venerit* (id est, pubes factus sit) *tunc Seius heres esto.*

Sic permissum quià parentes filiorum testamentum facere debent si filii ætatis causâ nequeunt. Itaque si filius non hereditatem patris adit substitutus fit heres patris; si filius adit et antè pubertatem decedit substitutus filii heres est. In substitutione pupillari sunt tanquam duo testamenta : patris et filii. Nàm filius heredem proprium instituere videtur. Testamentum duas causas, id est, duas hereditates continet.

Substituere permissum quotiès tutelam dare fas est. Haud licitum enim substituere heredem his qui mortuo patre non sui juris erunt sed sub aliâ potestate. Necesse est ut testator faciat testamentum pro se et non pro filiis tantùm, militari testamento excepto. Nam ut ait Ulpianus : *testamentum filii est enim pars et sequela paterni testamenti.* Modestinus, lib. ii, Pandect. hæc verba scripsit : *substituere liberis pater non potest, nisi si heredem sibi instituerit.*

Mater pupillariter substituere non potest. Pater substituere potest liberis sive instituti, sive exheredes, sive postumi sint. In hoc casu quidquid adquisiti pupillis erat vel per legatum, vel per donationem ad substitutum pertinebat. Nec potest testator instituere extraneum aut filium puberem ità, ut si decesserint, reddant hereditatem aliis nominatis et substitutis à testatore. Attamèn per fideicommissum obligantur hereditatem totam vel ex parte restituere (Gaïus, ii, § 184).

Pupillariter substituitur duobus modis, vel nominatim veluti. «Titius heres esto, » vel generaliter : « Quisquis mihi heres erit, heres filii mei esto. »

Periculosa substitutio pupillaris erat; nam substitutus parare insidias pupillo poterat ut jure suo frueretur. Palam autem habebatur substitutio vulgaris, quia nullum maleficium suspicari poterant. Sed hoc incommodum in substitione pupillari provisum est. Duæ enim erant tabulæ : in inferioribus tabulis proprio lino propriâque cerâ consignatis substituti nomen claudebatur; in prioribus prohibitum ne inferiores aperiantur ante mortem vel pubertatem filii.

Si pupillus cui substitutum est impubes decedit, ejus hereditas substituto pervenit, eaque hereditas non bona tantum paterna continet, sed ea quoque quæ postea pupillo pervenerunt; neque enim suis bonis testator substituit, sed pupilli.

Illa substitutio diversis cadit modis; ut puta : si patris testamentum, non adita ex eo paterna hereditate, deficiatur, aut si pupillus cui substitutum est pubertatem attigerit, et quibusdam aliis casibus.

De substitutione quasi-pupillari.

Sic vocata quià ad exemplum substitutionis pupillaris creata fuit. Permisit divus Justinianus his qui liberos vel nepotes vel pronepotes mente captos et insanos habebant, etsi puberes essent, eis substituere si obibant non recuperatà ratione; perinde ac pupillis, si antè pubertatem decedebant. Omnes autem ascendentes, nec solum parterfamilias sed mater et alii sic substituere poterant. Sed substituti electio non erat in arbitrio testatoris. Primùm eligendus erat inter filios, deinceps inter fratres mente capti. Si non erant tunc extranei locus.

POSITIONES.

I. Mater liberis suis, nec pater filio emancipato pupillariter substituere non potest.

II. Potestne dominus servum substituere? — Potest.

III. Liberis suis testamentum nemo facere potest, *nisi et sibi faciat.*

IV. Corruente patris testamento, corruitne etiam pupillaris substitutio ? — Corruit.

CODE NAPOLÉON.

Des Successions.

Liv. III, Tit. I, Chap. 1, 2 et 5 (Art. 718 à 730. — 774 à 814).

Notions préliminaires.

La succession est, dans le sens le plus large de cette expression, la transmission de la totalité ou d'une partie aliquote de l'hérédité aux personnes auxquelles cette dernière est dévolue, soit par la loi, soit par la volonté de l'homme. Dans ce sens, la succession est légitime, testamentaire ou conventionnelle.

A Rome, la loi des XII Tables fut le type des dispositions qui règlementèrent cette importante matière. La succession reposait sur la puissance paternelle, appelée avec raison par Justinien, l'institution la plus inébranlable et la plus solide. Un caractère de force et de rudesse qui ne tient compte ni de la voix de la nature, ni des liens du sang, ni de l'opinion et de l'équité naturelles, se trouve empreint dans les institutions romaines. C'est dans les successions surtout qu'apparaît en saillie cette organisation exceptionnelle, énergique et militaire, nécessaire à cette colonie fondée par des aventuriers transfuges ou bannis, pour se maintenir d'abord, et plus tard pour conquérir l'Italie et le monde.

Le christianisme proclamant que la dévolution d'une succession légitime doit être l'expression des affections présumées du défunt, s'efforça de combattre l'inflexible rigidité de la loi des XII Tables. Le Droit honoraire et les Constitutions impériales modifièrent peu à peu cette législation. La Novelle 118 de Justinien renversa entièrement l'ancienne doctrine ; et le nouveau système, la délation des successions légitimes à ceux-là que, dans l'ordre de la nature, le défunt aimait le mieux, est consacré irrévocablement dans ce monument législatif, une des sources fécondes de notre législation moderne.

Au moyen-âge, l'évènement dominant et caractéristique est la formation de la féodalité ; ici, le nouveau principe, dernière expression du Droit bysantin, sans être méconnu comme il l'avait été à Rome, vient se briser en grande partie contre l'impérieuse nécessité de la société féodale, la conservation des fortunes, et avant tout de la propriété immobilière. Les hauts et puissants barons avaient bien compris que le secret de leur puissance était attaché au maintien et à l'agrandissement de la richesse territoriale des vassaux qu'ils avaient su s'inféoder.

La chute de l'ancien ordre social ramena les esprits vers des institutions plus égalitaires. En effet, les législateurs, dès l'an II de l'ère révolutionnaire, renversant le principe fondamental des successions coutumières, tombèrent dans un excès contraire, en consacrant dans leurs dispositions le morcellement indéfini des biens, et l'égalité absolue dans les partages. Plus tard, quand les passions exaltées se refroidirent, on s'aperçut bien vite que la loi de nivôse ne pouvait être qu'une loi de transition. Aussi, les auteurs de notre législation actuelle, produisirent un système nouveau ayant pour base ce principe capital, que la succession légitime doit être l'expression des affections présumées du défunt, système où l'on retrouve à la fois des traces irrécusables, et de la Novelle de Justinien, et de l'esprit essentiellement conservateur des coutumes, et enfin de la pensée qui avait dicté la loi de nivôse.

§ 1. — De l'ouverture des successions.

On entend par ouverture d'une succession le moment où le droit des héritiers, qui jusqu'alors ne constituait qu'une espérance, se trouve fixé à leur profit ; et par causes d'ouverture, les faits qui donnent lieu à cette fixation.

La succession s'ouvre par la mort naturelle ou par la mort civile (1). La constatation de la mort naturelle s'établit par la rédaction régulière des actes de décès. Elle donne lieu à l'ouverture de la succession, à partir du moment où elle est arrivée.

Il importe de préciser avec soin le moment où s'ouvre la succession, car c'est à cette époque que prennent date tous les effets juridiques; c'est à elle que se rattachent toutes les considérations de la qualité et de la capacité des successeurs.

C'est surtout lorsqu'il s'agit de plusieurs personnes appelées respectivement à la succession l'une de l'autre, et décédées dans le même évènement, que cette précision est indispensable, car il est important de déterminer laquelle de ces personnes a survécu aux autres et a ainsi recueilli leurs successions.

Dans ce cas, la loi, en l'absence de toute circonstance de fait qui puisse fournir au juge des éléments de décision, lui trace la sentence qu'il devra rendre : alors l'ordre des décès est légalement présumé d'après les forces de l'âge et subsidiairement du sexe. Le législateur partage la vie humaine en trois catégories, divisées par les deux âges de quinze et soixante ans, correspondant à ces trois faits : croissance, maturité, dépérissement. Au-dessous de quinze ans, l'homme est dans la faiblesse, mais il marche vers la force; de quinze ans à soixante, il est dans la plénitude de la force, considérée alors comme stationnaire ; au-dessus de soixante ans, il retombe dans une faiblesse plus grande encore que celle de l'enfant et qui va toujours en croissant.

En conséquence, l'individu de quinze à soixante ans survit, soit à l'enfant, soit au vieillard ; l'enfant comparé au vieillard lui survit également ; entre plusieurs enfants, le plus âgé survit aux autres ; entre plusieurs vieillards, c'est au contraire le plus jeune ; enfin, entre plusieurs personnes qui ont toutes de quinze à soixante ans, c'est également la plus jeune. Toutefois, dans cette seconde période, s'il y a entre l'âge des *commorientes* moins d'une

____

(1) La succession ne s'ouvre plus aujourd'hui que par la mort naturelle. La mort civile a été abrogée par la loi du 31 mai 1854.

année de distance, on prend le sexe en considération ; et dans ces circonstances, c'est l'homme qui sera présumé avoir survécu.

Il nous reste à déterminer le lieu où la succession s'ouvre : les art. 110 et 822 combinés, nous apprennent que la succession s'ouvre au domicile du défunt, et que le tribunal de ce domicile est seul compétent relativement aux actions qui s'y rattachent.

§ 2. — De la saisine des héritiers.

La loi distingue deux sortes d'héritiers : les héritiers légitimes réguliers, les héritiers illégitimes et irréguliers. Les premiers sont les parents légitimes du défunt ; les seconds sont ses enfants naturels légalement reconnus, son conjoint, et enfin l'Etat.

Les héritiers réguliers sont les continuateurs de la personne du défunt ; l'art. 724 leur accorde la *saisine,* qu'il refuse aux successeurs irréguliers.

On entend par *saisine,* une disposition de la loi, en vertu de laquelle les droits et les dettes du défunt passent, dès l'instant de sa mort, de sa personne dans celle de ses héritiers légitimes, qui les acquièrent *ipso jure,* même à leur insu et sans le concours de leur volonté. L'art. 724 dit qu'ils sont saisis de plein droit. C'est la reproduction de l'ancienne maxime : *Le mort saisit le vif.*

L'objet principal de la saisine est de faire que les biens ne soient pas sans maître apparent et qu'ils ne soient pas un moment laissés à l'abandon. L'héritier du défunt, en vertu du principe qu'il est saisi, *ipso jure, des droits et des dettes du défunt,* acquiert à l'instant même la succession, encore qu'il soit mineur ou interdit, et a le droit de la transmettre, confondue dans la la sienne, à ses propres héritiers. Seulement il la leur transmet avec la faculté qu'il aurait eue lui-même de l'accepter ou de la répudier. Du principe que l'héritier légitime est saisi, *ipso jure, des actions,* c'est-à-dire de l'exercice actif ou passif des dettes du défunt, il résulte qu'il peut encore, dès le moment même de l'ouverture de la succession, actionner, soit les débiteurs du défunt, soit les détenteurs des biens héréditaires, ou être poursuivi par les créanciers de la succession.

En résumé, la saisine est la faculté d'appréhender les biens de la succession. L'héritier régulier a ce droit, sans demander permission à qui que ce soit, tandis que les successeurs irréguliers, bien que propriétaires, pour entrer en possession réelle, sont soumis à l'obligation de demander la délivrance à leurs cohéritiers ou à la justice. Ces héritiers, à la différence des premiers, ne succédant qu'aux biens et nullement à la personne du défunt, ne sont tenus des dettes que jusqu'à concurrence de la valeur de l'actif héréditaire (724).

CHAPITRE II.

Des qualités requises pour succéder.

La loi détermine, dans ce chapitre, les qualités nécessaires, soit pour *acquérir* la succession, soit pour la *conserver* lorsqu'elle est acquise. L'absence des qualités nécessaires pour acquérir la succession, constitue l'*incapacité;* l'absence des qualités nécessaires pour conserver la succession acquise, constitue l'*indignité.*

§ 1er. — De la capacité.

Sont capables de succéder, tous ceux que la loi ne range pas dans la classe des incapables.

Ainsi, sont incapables de succéder :

1° *Ceux qui étaient déjà morts quand la succession s'est ouverte;*

2° *Ceux qui n'étaient pas encore conçus à la même époque;*

3° *Ceux qui étaient conçus à cette époque, mais qui sont nés non-vivants, ou vivants, mais non viables.*

Ainsi, il n'est pas nécessaire d'être né au moment de l'ouverture d'une succession pour être apte à la recueillir; il suffit d'être conçu : *Infans conceptus pro nato habetur quoties de commodis ejus agitur.* Mais cette fiction n'est applicable qu'aux enfants qui sont nés *vivants* et *viables.*

Avant la loi du 14 juillet 1819 qui a aboli le droit d'aubaine et de détractation, il fallait de plus être Français. D'après cette loi, les étrangers ont le droit de succéder de la même manière que les Français (art. 1er); seulement, en cas de partage d'une succession entre cohéritiers Français et étrangers, si en vertus des lois et coutumes locales, les Français se trouvaient exclus d'une portion des biens situés en pays étranger, ils pourront prélever sur les biens situés en France, une portion égale à la valeur de cette partie de biens (art. 2.) Cette disposition a eu pour but d'appeler le numéraire en France.

§ 2. — De l'indignité.

La loi défère la succession suivant l'ordre des affections présumées du défunt : or, celui qui s'est rendu coupable envers lui de faits offensants ou criminels, doit avoir perdu son affection. D'un autre côté, il serait immoral que l'auteur de pareils faits vînt recueillir les dépouilles de sa victime, peut-être même le fruit de son crime. C'est sur ces deux idées que repose la théorie de l'indignité en matière de succession.

L'indignité est une peine, et ne doit être prononcée que dans les cas expressément prévus par la loi. Ces cas (article 727), sont au nombre de trois :

1° Condamnation pour avoir donné ou tenté de donner la mort au défunt ;

2° Accusation capitale portée contre le défunt et jugée calomnieuse ;

3° Défaut de dénonciation à la justice par l'héritier majeur du meurtre du défunt, dont il était instruit.

La non-dénonciation du meurtre du *de cujus* n'est pas une cause d'indignité, lorsque le meurtrier est l'*ascendant* ou le *descendant,* le *conjoint,* le *frère* ou la *sœur,* l'*oncle* ou le *neveu,* la *tante* ou la *nièce* de l'héritier.

L'indignité doit être prononcée par jugement. La demande en indignité doit être portée devant le tribunal du domicile de l'indigne; elle peut être formée par tous intéressés, et doit être intentée dans les trente ans qui suivent l'ouverture de la succession.

La déclaration d'indignité produit deux effets : par l'effet dévestitif, elle enlève à l'indigne le droit qui lui avait été conféré lors de l'ouverture de la succession; par l'effet dévolutif, elle fait passer la succession sur la tête de ceux qui l'auraient recueillie à son défaut. S'il est seul héritier et s'il a des enfants, ceux-ci la recueilleront de leur chef. Dans ce cas, il sera privé de l'usufruit que la loi accorde aux père et mère sur les biens de leurs enfants

(730). S'il a des cohéritiers, ils recueilleront la totalité de la succession, à l'exclusion de ses enfants; seulement, ceux qui n'ont pas été parties dans l'instance, ne pourront profiter du bénéfice de l'indignité.

L'héritier déclaré indigne est réputé n'avoir jamais été héritier; par conséquent, il est tenu de rendre tous les fruits et les revenus qu'il a perçus depuis l'ouverture de la succession, sauf le montant des impenses nécessaires et utiles qu'il a faites.

Les actes d'administration, les aliénations de meubles, consentis par l'indigne pendant sa jouissance, doivent être maintenus. Quant aux aliénations d'immeubles à titre gratuit ou onéreux, elles doivent être maintenues ou annulées, selon la bonne ou la mauvaise foi des tiers.

Il ne nous reste plus maintenant, pour achever ce travail, qu'à développer les divers partis que peuvent prendre les héritiers réguliers à qui une succession est échue.

CHAPITRE V.

De l'acceptation et de la répudiation des successions.

On peut accepter une succession purement et simplement, ou sous bénéfice d'inventaire. Le Code Napoléon, conforme en cela à l'ancien Droit coutumier, ne reconnaît pas d'héritiers nécessaires. Toute personne appelée à une hérédité, peut ainsi y renoncer (775). Voici donc trois partis ouverts devant l'héritier.

PREMIER PARTI.

Acceptation pure et simple.

Les successions échues aux mineurs, mêmes émancipés, ou aux interdits, ne peuvent être régulièrement acceptées, ou répudiées, que par le tuteur sur l'autorisation du conseil de famille. Quant à celle qui échoit à la femme mariée, elle ne peut être répudiée ou acceptée qu'avec l'autorisation ou 1° du mari, s'il est présent et capable, ou 2° de la justice, si le mari refuse, ou s'il est absent, interdit ou mineur; si la femme était mineure, le mari, son curateur légal, ne pourrait l'assister qu'après l'autorisation du conseil de famille.

L'acceptation est expresse ou tacite (art. 778.) L'acceptation expresse, sans être astreinte à la nécessité d'une inscription au greffe, ne ressortira jamais non plus d'une déclaration verbale, quelque explicite qu'elle soit. Elle doit être manifestée par écrit, dans un acte authentique ou privé, destiné à constater un fait quelconque, et par conséquent à servir de preuve.

Il y a acceptation tacite quand l'héritier agit en maître, fait quelque acte qui suppose nécessairement sa volonté d'accepter, et qu'il n'avait droit de faire qu'en sa qualité d'héritier. C'est ici surtout que, pour établir la distinction entre les actes de propriétaire et ceux d'administrateur, il y aura lieu de scruter l'intention du successeur. Ces questions sont toutes pratiques; et ce sera, avant tout, aux circonstances que la religion du juge devra emprunter ses lumières.

L'acceptation pure et simple est celle qui est faite absolument et sans condition. Elle a pour effet d'opérer la confusion entre le patrimoine du défunt et celui de l'héritier, et d'obliger ce dernier à acquitter intégralement, même sur ses biens personnels, *ultra vires emolumenti*, toutes les charges héréditaires. Cette acceptation doit toujours être l'acte d'une volonté libre et éclairée.

Il est des actes qui sont purement conservatoires et qui ne supposent pas l'adition d'hérédité, lorsque l'héritier présomptif ne prend ni le titre, ni la qualité d'héritier : tels sont les actes de surveillance et d'administration.

L'acceptation produit un effet rétroactif, qui remonte au jour de l'ouverture de la succession. L'héritier ne peut plus attaquer son acceptation (*semel hœres, semper hœres*), à moins qu'elle n'ait été la suite d'un dol pratiqué contre lui, ou qu'un testament, découvert depuis son acceptation, ait diminué la succession de moitié; c'est le seul cas où il pourrait réclamer pour cause de lésion. Le mineur, par suite de la protection qui lui est due, se trouve placé dans une situation plus favorable; il est restitué contre son acceptation, s'il prouve, non pas l'existence du dol, mais seulement l'existence de la lésion.

DEUXIÈME PARTI.

Acceptation bénéficiaire.

Le bénéfice d'inventaire est un parti mitoyen entre l'acceptation pure et simple et la renonciation, parti, dans certaines circonstances, impérativement commandé par la loi, qui l'impose notamment au mineur, à l'interdit et aux héritiers en désaccord sur la question de savoir s'ils accepteront ou non une hérédité que leur transmet leur auteur, et à l'égard de laquelle ce dernier n'avait pas encore statué.

L'héritier qui veut user de la faveur du bénéfice d'inventaire, doit inscrire au greffe la déclaration de sa volonté, sur le registre destiné à recevoir l'insertion des renonciations. En second lieu, la loi exige de lui un inventaire fidèle et exact. La mauvaise foi est sévèrement punie ; car toute fraude, toute infidélité de sa part, le transforme en héritier pur et simple, sanction rigoureuse sans doute, mais méritée.

L'effet capital du bénéfice d'inventaire est d'empêcher, moyennant l'accomplissement de certaines conditions, la confusion du patrimoine du défunt avec celui de l'héritier, qui se soustraira aussi aux conséquences que la saisine entraîne, relativement au paiement des dettes et charges de l'hérédité (art. 802).

L'héritier n'est tenu des dettes qu'*intra vires successionis*. Les créanciers n'ont donc aucun droit sur son patrimoine personnel ; il n'est pas, en effet, leur débiteur. Nous verrons plus loin qu'il ne peut être poursuivi sur ses biens personnels, que comme administrateur.

Les droits qu'avait l'héritier, soit contre le défunt, soit sur ses biens, ou que le défunt avait, soit contre lui, soit sur ses biens, ne sont pas éteints par la confusion, conséquence qu'entraînerait avec elle l'acceptation pure et simple. Acceptant sous bénéfice d'inventaire, il conserve sa créance et peut, comme tout autre créancier, en poursuivre le paiement sur les biens de la succession ; car, cessant de représenter le défunt, les qualités de créancier et de débiteur restent distinctes. Il peut, en outre, se soustraire à la poursuite des créanciers ou légataires en leur faisant l'abandon des biens.

L'héritier a trois mois pour faire inventaire (795); et ce délai, si les circonstances l'exigent, pourra être prolongé par le juge. Une fois qu'il connait par là les forces de la succession, il a quarante jours pour délibérer sur son acceptation ou sur sa renonciation. Pour conserver une pleine liberté d'option, l'héritier doit s'abstenir de tout acte qui pût faire présumer une prise de qualité. Si cependant il existe dans la succession des objets d'un entretien coûteux, en sa qualité d'habile à succéder, il pourra se faire autoriser à les vendre, en suivant les formes prescrites par le Code de Procédure.

Pendant les délais pour faire inventaire et délibérer, toutes les actions des créanciers contre le défunt peuvent être intentées contre l'héritier; elles doivent l'être même dans le cas où le temps de la prescription est près d'expirer. Mais il n'est pas forcé de prendre qualité, et aucune condamnation ne peut être obtenue contre lui; en opposant l'exception dilatoire, il refuse de répondre. S'il renonce au moment où les délais sont expirés ou avant, les frais par lui légitimement faits jusqu'à cette époque, sont à la charge de la succession.

Comme administrateur, l'héritier bénéficiaire devient en quelque sorte l'homme d'affaires des créanciers, envers lesquels il est tenu même sur ses biens personnels, s'il est mis en demeure de rendre ses comptes et de payer le reliquat. Sa responsabilité, cependant, sera appréciée d'une manière large, et sa faute, pour qu'elle lui soit imputable, devra présenter une certaine gravité.

Les deniers provenant des diverses opérations qui lui sont permises sont, en général, confiés à sa garde, sauf aux créanciers à exiger, dans certaines limites, une caution ou la consignation.

Le rang dans lequel il devra payer les créanciers sera, en cas de contestation, réglé par le juge; s'il n'y a pas d'opposition, il peut immédiatement désintéresser intégralement tout réclamant, créancier ou légataire, à mesure qu'il se présente, sauf toutefois la présence de créanciers hypothécaires ou privilégiés auxquels, bien entendu, les deniers devront être distribués dans le rang que leur assignent leurs droits de préférence.

Ceci fait et les fonds épuisés, l'héritier est à l'abri de toute réclamation, après qu'il a rendu ses comptes: si donc les créanciers non opposants ne se présentent qu'après le compte apuré et soldé, la loi accorde pleine sécurité et à l'héritier et aux créanciers déjà désintéressés ; les derniers venus n'auront de recours que contre les légataires, par ce motif que ceux-ci *certant de lucro captando,* tandis que le créancier retardataire *certat de damno vitando.* Mais ce recours est limité par le législateur, dans le délai assez bref de trois ans, du jour du paiement du reliquat.

S'ils se présentent avant l'apurement du compte, ils ne peuvent en rien critiquer les opérations déjà terminées ; seulement ils auront, outre le recours contre les légataires, une collocation dans les répartitions qui restent à faire.

Enfin, les créanciers opposants eux-mêmes, qui se présentent, soit après, soit avant l'apurement du compte ont, outre le double droit dont nous venons de parler, un recours contre l'héritier qui, nonobstant leur opposition, s'est permis des paiements arbitraires. Par suite de cette faute, il est tenu envers les opposants à la réparation du préjudice qu'il leur causé ; mais ils n'ont contre les personnes au profit desquelles ces paiements ont eu lieu, aucun recours pour obtenir la restitution de ce qu'elles ont reçu au-delà de ce qui eût dû leur revenir d'après une distribution légalement faite.

TROISIÈME PARTI.

Renonciation.

A côté de cette maxime : *le mort saisit le vif,* le Droit coutumier étant toujours notre guide, nous ajouterons : *nul ne demeure héritier qui ne veut ;* c'est-à-dire que, investi des droits héréditaires, même à son insu, l'héritier peut s'en dépouiller comme il lui plaît, s'il n'a point d'ailleurs accepté la succession qui lui est déférée.

Mais le dévestissement ne se présume pas, il faut qu'il manifeste sa volonté formelle de répudier, et l'unique preuve de cette abdication qu'admette notre Code, dans l'intérêt de la publicité, est celle qui résulte d'une déclaration au greffe du tribunal dans le ressort duquel la succession s'est ouverte, et inscrite sur un registre tenu à cet effet.

La renonciation a un effet rétroactif ; elle remonte au jour de l'ouverture de la succession, et l'héritier qui renonce est censé n'avoir jamais été héritier ; s'il a des cohéritiers, sa part lui accroît ; si, au contraire, il est seul, les parents du degré subséquent sont appelés.

On ne vient jamais par représentation de celui qui a renoncé. Le représentant ne peut se prévaloir que des droits du représenté, devenus nuls par le fait de sa renonciation. La faculté de renoncer pouvait, très souvent, être préjudiciable aux créanciers de l'héritier présomptif, et faite en fraude de leurs droits. Aussi l'article 788 autorise les créanciers antérieurs à la renonciation, à accepter la succession du chef de leur débiteur, s'ils démontrent que sa renonciation leur est nuisible.

En réalité, ils ne sont pas héritiers, puisqu'ils ne viennent que pour se faire payer et qu'ils ne contribuent pas aux dettes ; mais la renonciation n'est annulée qu'en faveur des créanciers lésés ; et si une fois les dettes payées, il y a de l'excédant, l'héritier renonçant n'est pas appelé à le recueillir.

La faculté d'accepter ou de répudier une succession se prescrit par le laps de temps requis pour la prescription la plus longue des droits immobiliers, c'est-à-dire par trente ans. La prescription ne court ni contre l'héritier mineur, pendant sa minorité, ni contre l'héritier interdit, pendant son interdiction.

Les considérations morales qui prescrivent en général tout pacte sur la succession d'une personne vivante, et aussi la crainte qu'une renonciation anticipée ne soit pas l'œuvre d'une volonté libre et éclairée, font absolument prohiber, même par contrat de mariage, la renonciation à une succession future. La loi a voulu, par là, empêcher les renonciations forcées que l'on exigeait des filles et des cadets des famille, en les mariant, pour les exclure de la succession de leurs parents et conserver ainsi tous les biens aux aînés mâles.

L'héritier qui a répudié la succession peut la reprendre en l'acceptant (790) ; mais cette faculté est subordonnée à deux conditions ; il faut : 1° que la succession n'ait été acceptée par aucun autre héritier, soit avant, soit depuis la répudiation qu'en a faite celui qui se propose actuellement de l'accepter.

2° Il ne suffit pas que la succession n'ait été acceptée par aucun héritier ; il faut de plus que le renonçant l'accepte avant que la faculté d'accepter ne soit éteinte par l'effet de la prescription.

La renonciation faite par un héritier majeur pourra encore être annulée, lorsque la résolution qu'il a prise a eu pour cause déterminante la violence ou le dol relatif, de la part de ceux qui peuvent profiter de sa répudiation.

Vacance des successions.

Une succession est vacante lorsque, après l'expiration des délais pour faire inventaire et délibérer, il ne se présente personne qui la réclame, qu'il n'y a pas d'héritiers connus, ou que les héritiers connus ont renoncé (art. 811). Si donc un héritier *saisi* est connu, la succession ne doit pas être déclarée vacante, car alors il existe un représentant de la succession, les créanciers ont un contradicteur légitime, ils peuvent agir contre lui.

Lorsque la succession est vacante, toutes personnes intéressées, les créanciers, les légataires, les coassociés du défunt, etc., peuvent demander au tribunal de l'ouverture de la succession la nomination d'un curateur. Le procureur impérial près ce tribunal est autorisé à requérir d'office cette nomination. Le curateur devra, comme l'héritier bénéficiaire, faire constater l'état de la succession par un inventaire exact et fidèle; il en exerce et il en poursuit les droits; il répond aux demandes formées contre elle. Il administre, sous la charge de faire verser le numéraire qui se trouve dans la succession, dans la caisse du receveur général. Toutes les dépenses et toutes les recettes doivent être faites par le receveur.

L'art. 814 rend communes aux curateurs les dispositions concernant l'héritier bénéficiaire sur les formes de l'inventaire, l'administration, et sur la reddition des comptes.

POSITIONS ET QUESTIONS.

I. Les présomptions de survie établies par le Code ne peuvent être étendues à d'autres cas que ceux spécialement prévus par les art. 721 et 722.

II. Quels sont les effets de la saisine en ce qui touche le droit de possession ?

III. L'abandon que l'héritier bénéficiaire peut faire des biens de la succession, n'équivaut pas à une renonciation.

IV. Quel est le sens de l'art. 789 ?

DROIT COMMERCIAL.

Des commissionnaires pour les ventes et achats.

NOTIONS GÉNÉRALES.

Dans les premiers temps de Rome, nul n'avait le droit de confier à autrui le soin de ses affaires, chaque citoyen devait agir pour soi « *quisque tenetur pro se lege agere.* » Cependant l'extension que prit le commerce força bientôt le législateur à se relâcher de cette rigoureuse sévérité, et il fut permis aux citoyens d'avoir des instruments de leur volonté. Les esclaves et les fils de famille purent participer à l'administration des affaires, et de là naquirent les actions *quod jussu,* les actions *institoires* et *exercitoires* accordées aux tiers contre les maîtres ou les pères de famille, pour faits de leurs esclaves ou enfants préposés à la question d'un commerce. Les préposés n'étant que les instruments de la volonté d'autrui, il en résulte que la validité de leurs actes ne dépend nullement de leur capacité.

Au moyen-âge, il n'existait pas encore de commissionnaires. Quelques villes avaient seules le monopole du commerce, et les négociants s'y faisaient représenter par un agent. Ce ne fut que lorsque le commerce eut pris de grands développements, que naquit le contrat de commission, par l'impossibilité où se trouvèrent les commerçants de se faire représenter dans chaque place.

Le contrat de commission peut être défini : un contrat analogue à celui du mandat en vertu duquel une personne fait, pour le compte d'un tiers, des opérations spécialement déterminées. Le Code de Commerce définit le commissionnaire : une personne qui agit en son propre nom ou sous un nom social pour le compte d'un commettant (94).

Comme on le voit, ce qui distingue le commissionnaire du mandataire, c'est que ce dernier agit pour le compte et au nom du mandant, tandis que le commissionnaire s'engage lui-même, et n'engage nullement le commettant vis-à-vis des tiers. De plus, le mandataire n'a droit à un salaire qu'autant qu'il l'a stipulé, tandis que le commissionnaire y a toujours droit.

Le contrat de commission est susceptible d'une très vaste application. Dans l'usage, on distingue plusieurs sortes de commissionnaires : les uns sont chargés de vendre des marchandises pour le compte des tiers, ce sont les *commissionnaires-vendeurs;* les autres sont chargés d'acheter des marchandises pour le compte des commettants, ce sont les *commissionnaires-acheteurs;* d'autres se chargent de traiter avec des voituriers ou bateliers pour le compte des expéditeurs, afin de faire effectuer des transports par terre ou par eau, ce sont les *commissionnaires de transports.*

Etudier les droits et les obligations du commissionnaire pour les ventes, ses rapports avec le commettant et avec les tiers; donner quelques notions sur le commissionnaire chargé d'acheter, tel est le plan du travail qui nous est tracé.

§ 1er. — Du commissionnaire pour les ventes.

Le commissionnaire pour les ventes est celui qui vend pour le compte du commettant les marchandises expédiées par ce dernier. C'est un très puissant auxiliaire du commerçant; non-seulement il opère les ventes, mais encore il met au service de ceux qui l'emploient pour intermédiaire, les capitaux considérables dont il est ordinairement possesseur. Le négociant peut ainsi donner un plus grand élan à son commerce, car il trouve à sa disposition des avances toujours précieuses, souvent même très nécessaires; les intérêts du commissionnaire sont également garantis par le dépôt qui lui est fait des marchandises expédiées.

Obligations du commissionnaire et du commettant. — Les obligations particulières imposées au commissionnaire à qui l'on expédie des marchandises sont de deux sortes : les unes concernent la réception et la conservation des marchandises expédiées, les autres la vente de ces marchandises.

Pour la réception des marchandises, leur mise en magasin, leur garde, leur conservation, le commissionnaire est tenu d'apporter les mêmes soins que le dépositaire. Il doit faire visiter les marchandises en présence du voiturier et constater leur état. S'il néglige de remplir cette formalité, il est présumé les avoir reçues telles qu'elles lui étaient annoncées. Il faut, en outre, qu'il choisisse un lieu convenable pour les déposer, et il répond des pertes ou avaries qu'il ne prouve pas être soit antérieures à la remise qui lui a été faite, soit l'effet d'une force majeure ; s'il laisse périr la marchandise, il devra le maximum du prix.

Quelquefois la responsabilité du commissionnaire est plus étroite, et elle s'étend jusqu'aux cas fortuits. Mais pour que cela ait lieu, une convention spéciale est nécessaire. Cette convention peut exister avec ou sans augmentation du droit de commission. Dans l'usage elle entraîne cependant un double droit de commission ou *du croire*, ainsi nommé des mots italiens *del credere* (se porter fort). Il en est de même lorsqu'il répond de la solvabilité de ceux avec qui il contracte. Le commissionnaire recevant en général un salaire, et ayant la certitude de faire un gain, quelle que soit l'issue de l'opération, on comprend qu'il soit soumis à une responsabilité rigoureuse, et qu'il réponde même de ses fautes légères.

La principale obligation du commissionnaire, en ce qui touche la vente, consiste à se conformer aux prix et conditions qui lui sont indiqués par la facture ou la correspondance du commettant. S'il achète à un prix plus élevé ou vend à un prix moindre que celui prescrit par le commettant, il est en faute et doit réparer le préjudice causé. Bien qu'un prix de vente lui ait été fixé, le commissionnaire qui a vendu à un prix plus élevé, ne peut se dispenser de tenir compte à son commettant de la totalité des sommes touchées. Cependant, par une stipulation spéciale qui constituerait une espèce de vente à profit commun, il pourrait avoir été autorisé à agir ainsi. Il est aussi obligé de faire pour le compte du commettant le recouvrement des sommes qui lui sont dues et de les lui faire passer de la manière convenue entre eux. S'il gardait ces sommes et les employait à son usage personnel, il en devrait les intérêts.

Si un commissionnaire se trouve chargé par un négociant de vendre une marchandise, et par un autre négociant d'acheter la même marchandise, il devient arbitre unique entre eux deux, et, par suite, sa position exige de lui la plus grande impartialité. Cette cumulation accidentelle de fonctions ne saurait lui être interdite ; les commerçants recherchent fréquemment ce mode d'exécution de leurs ordres, et s'adressent volontiers au commissionnaire qu'ils savent le mieux en état de combiner, entre ses propres mains, les ventes et les achats. Du reste, l'agent qui a la confiance des deux commettants, agira comme toute personne achalandée qui tient à ne rien perdre de sa clientèle ; il opèrera sans préférence dans l'intérêt respectif de ses correspondants.

Mais le commissionnaire ne doit jamais profiter du droit qu'il a de garder le secret pour se rendre lui-même acquéreur des marchandises qu'il est chargé de vendre. Il ne peut agir pour son propre compte qu'à la charge d'en prévenir son commettant, à moins que l'opération soit d'une minime importance. Dans tous les cas, il doit conclure la vente ou l'achat à l'époque indiquée, et transmettre au commettant tous les renseignements utiles concernant la négociation dont il est chargé, et l'avertir aussitôt après l'exécution du mandat, pour qu'il puisse en tirer parti pour ses autres affaires. Enfin, il doit rendre compte de sa gestion.

Vis-à-vis des tiers, le commissionnaire est, en général, engagé comme si l'opération conclue par son entremise lui était personnelle. Il résulte de là qu'il peut valablement opposer, en compensation d'une dette contractée envers lui pour le compte de son commettant, une dette qui lui est personnelle ; et réciproquement qu'il ne peut refuser de compenser une créance qui lui est personnelle avec une dette qu'il a souscrite pour le compte d'un commettant ; mais lorsqu'il agit au nom de son commettant, celui-ci seul est obligé envers les tiers dans la limite des pouvoirs par lui donnés.

Le commettant contracte deux obligations principales envers le commissionnaire : 1° celle de le rembourser de toutes ses avances et frais, et de l'indemniser des pertes que peut lui occasionner l'accomplissement de la condition ; 2° celle de lui payer les droits de commission convenus entre les parties ou réglés par l'usage.

Privilége du commissionnaire. — L'art. 93 (C. Com.) accorde à tout commissionnaire qui a fait des avances sur des marchandises à lui expédiées d'une autre place pour être vendues pour le compte d'un commettant, un privilége pour sûreté du remboursement de ses avances, intérêts et frais, sur la valeur des marchandises, pourvu qu'elles soient à sa disposition dans ses magasins ou dans un dépôt public, ou qu'avant leur arrivée il puisse constater par un connaissement ou par une lettre de voiture, l'expédition qui lui en a été faite. Ce privilége est nécessaire lorsque le commettant tombe en faillite avant que la vente des marchandises expédiées au commissionnaire ait été effectuée.

Voilà, en quelques mots, à raison de quelles avances le commissionnaire a droit au privilége. Cette matière est féconde en débats.

Le privilége n'existe pas, dit l'art. 93, s'il n'y a expédition de la marchandise d'une place sur une autre. Il est généralement admis que cette première condition est nécessaire. Quant aux signes précis auxquels on peut reconnaître si le lieu de l'expédition et celui de la destination sont, ou non, deux différentes places de commerce, ils sont soumis à l'appréciation du juge. Pour que le commissionnaire jouisse donc du privilége, il suffit qu'il y ait mouvement de la marchandise hors de la résidence du commettant. Le transfert des objets de l'intérieur d'une place à l'un des faubourgs, ne constituerait pas l'expédition d'une place sur une autre. C'est seulement lorsqu'il y a voyage que s'exercent pleinement les droits du commissionnaire.

Quelques auteurs exigent que les avances soient faites dans l'intérêt direct de la marchandise. Nous pensons que le privilége existe alors même que les avances n'ont pas directement porté sur les marchandises. Ce serait chose fort préjudiciable à l'élan commercial, si les commissionnaires ne pouvaient se dessaisir de la marchandise qui est entre leurs mains, sans perdre la garantie la plus certaine de leurs avances; c'est ce qui aurait lieu si le privilége se bornait à la marchandise, objet de ces avances.

Nous lisons dans l'art. 95 (C. Com.), que le commissionnaire doit se conformer aux dispositions prescrites par le Code Napoléon, pour les prêts sur gages ou nantissements; mais on peut ajouter : lorsque les marchandises n'ont pas quitté le lieu où réside le commettant. Car il faut considérer le mouvement de la marchandise plutôt que la situation des parties. Le commissionnaire aurait donc le droit de stipuler qu'il vendrait la marchandise, si le commettant ne le remboursait pas de ses avances.

La sanction de l'art. 2078 du Code Napoléon paraît, dans ce cas, fort exigeante. La célérité indispensable aux opérations commerciales, ne saurait se concilier avec les retards d'une procédure contradictoire, retards qu'éprouvera toujours le créancier qui veut obtenir une ordonnance de la justice pour que le gage qui lui a été donné lui demeure en paiement jusqu'à due concurrence.

§ 2. — Des commissionnaires pour les achats.

Ce commissionnaire ne rend pas au commerce les services importants du commissionnaire chargé de vendre ; aussi le Code ne contient pas de dispositions relatives à son ministère.

Le commissionnaire chargé d'acheter est tenu de se conformer scrupuleusement aux ordres qui lui sont donnés, tant pour le prix d'achat que pour la qualité et la quantité des marchandises demandées. Il ne doit pas dépasser la commission, car ce serait pour son compte, dit Savary, suivant l'ancien proverbe : *Qui passe commission perd.*

Quand le commissionnaire s'est écarté du mandat qui lui a été donné, il faut distinguer si sa faute est relative à la qualité ou à la quantité des marchandises achetées, ou bien seulement au prix d'achat. Dans la première hypothèse, l'opération peut être laissée à son compte ; dans la seconde, il peut obliger le commettant à la ratifier, en consentant à supporter la différence du prix. Ainsi, le commettant ne saurait être contraint de recevoir une quantité plus grande de marchandises que celle qu'il a demandée. Il ne doit pas apporter de retard dans l'envoi des marchandises qui lui ont été demandées.

Il a, sur les choses achetées, pour sûreté de tout ce qu'il a avancé ou promis, les droits qu'aurait le vendeur de ces choses contre l'acheteur qui ne remplit pas ses obligations, et il perd ces droits de privilége ou de suite dans le même cas où le vendeur direct les perdrait lui-même (1).

Des considérations d'équité peuvent seules justifier la concession d'un privilége en faveur de ce commissionnaire ; la loi garde le silence à cet égard.

____

(1) Pardessus, n° 573.

Des différentes manières dont le contrat de commission prend fin. — Le contrat de commission finit par la volonté du commettant ou du commissionnaire, pourvu que le changement de volonté du premier ou la renonciation du second soit faite en temps opportun et de bonne foi. S'il en était autrement, il y aurait lieu à dommages et intérêts au profit de la partie dont les intérêts auraient été lésés.

Il finit encore par la mort, la faillite ou la déconfiture, soit du commettant, soit du commissionnaire.

QUESTIONS.

I. Comment se forme le contrat de commission, et entre quelles personnes il peut intervenir ?

II. Quels actes peuvent être l'objet du contrat de commission ?

III. Dans l'usage, le commissionnaire ne met pas en avant le nom du commettant. Pourquoi ?

IV. Peut-on juridiquement accorder un privilége au commissionnaire pour les achats ? — Oui.

DROIT ADMINISTRATIF.

De la compétence administrative et judiciaire en matière de travaux publics.

On entend par travaux publics ceux qui embrassent les constructions d'édifices publics, la confection des grandes voies de communication, et généralement tous les travaux qui s'appliquent au sol, et qui sont entrepris dans un but d'utilité générale, sous la direction et le plus souvent aux frais de l'État. On range, dans certains cas, parmi les travaux publics, dit M. Tarbé de Vauxclairs, les dessèchements, les grands canaux d'irrigation, les digues destinées à protéger une grande étendue de pays, et toutes les entreprises tendant à l'amélioration générale, et qui, sous ce rapport, ont été jugées dignes de la surveillance, de la protection et de l'intervention du gouvernement. Ces travaux sont ordinairement adjugés à des entrepreneurs ou à des compagnies, qui les exécutent sous la surveillance de l'administration, et les discussions qui s'élèvent soit entre cette dernière et les entrepreneurs, soit entre ceux-ci et les particuliers, forment le contentieux administratif. Ainsi, les contestations auxquelles ils donnent souvent lieu dans le cours de leur exécution, seront de la compétence administrative ou relèveront des tribunaux civils, selon leur importance ou plutôt selon la décision de la loi.

Les travaux publics sont soumis à des règles d'exception en ce qui concerne la compétence et l'expropriation, et sous ces deux rapports font souvent naître des difficultés. Aussi, comme le dit M. Cormenin, en réglant les compétences avec netteté, on évite les conflits, les retards, les suspensions de service et les pertes d'argent. Avant donc d'aller plus avant dans cette question, nous dirons que la compétence désigne la mesure du pouvoir départi à chaque fonctionnaire public, les questions qui doivent être soumises à tel tribunal, les décisions qui relèvent de tel ou tel autre.

Il est important de voir d'abord de quelle manière se préparent les travaux ou plutôt par qui est déclarée l'utilité. S'agit-il de grands travaux, le chef de l'État peut seul en déclarer l'utilité; mais lorsqu'ils sont de petite valeur, tels que les chemins vicinaux, c'est le préfet en son conseil de préfecture. Mais cette déclaration d'utilité ne permettra pas à ceux qui doivent exécuter les travaux de s'emparer du sol sur lequel ils doivent être faits et d'en payer à leur gré la valeur. Loin de là, la propriété est inviolable, et l'intérêt général seul peut en demander le sacrifice, mais toujours moyennant une juste et préalable indemnité (déclaration des droits du 24 juin 1793, art. 19). Il est facile de voir par là que nous voulons parler de l'expropriation pour cause d'utilité publique, et l'autorité judiciaire seule est compétente pour la déclarer, parce qu'elle seule était capable d'y apporter la solennité nécessaire. Ainsi le projet d'utilité publique, après avoir été soumis à l'approbation des personnes intéressées, après que les hommes de l'art ont levé les plans parcellaires des terrains où doivent avoir lieu les travaux, et que pendant un délai de huit jours il a été soumis aux observations des intéressés, et encore qu'une commission nommée par le préfet a reçu les diverses réclamations, la mission de l'administration est terminée et celle de l'autorité judiciaire commence.

Après avoir examiné si ces diverses formalités ont été remplies, le tribunal prononce l'expropriation, sans jamais pouvoir annuler les actes administratifs, ni rien déterminer sur la confection des travaux. L'expropriation ainsi déclarée, l'État, par l'organe de l'administration, notifie aux propriétaires les sommes qu'il offre pour indemnité; si elles sont acceptées, elle devient alors propriétaire du terrain, et elle est libre de faire exécuter les travaux quand bon lui semble; si non l'indemnité est fixée par un jury, composé d'hommes spéciaux, qui opèrent avec l'assistance du greffier et sous la direction d'un des membres du tribunal. Cette indemnité doit non-seulement représenter la valeur, mais encore la réparation des dommages que peuvent occasionner les travaux.

Tels sont les préliminaires de tous travaux publics, et nous voyons que les tribunaux judiciaires y jouent le plus grand rôle. Nous allons examiner maintenant quel sera, dans le cours de leur exécution, le tribunal compétent pour en connaître.

Les dommages sont ou temporaires ou perpétuels : temporaires, ils conservent la qualité de dommages et forment le contentieux des travaux publics attribué à l'autorité administrative ; perpétuels, ce ne sont plus des dommages, mais ils prennent le caractère d'une véritable dépossession d'une partie du fonds même de la propriété immobilière, et comme toute possession est inviolable, ils ne peuvent être imposés qu'après un jugement que peut rendre seul le tribunal judiciaire. De plus, en matière administrative, l'objet principal est l'intérêt général, dont la surveillance est confiée au pouvoir exécutif. En matière judiciaire, au contraire, ce sont presque toujours les droits privés qui se heurtent et demandent justice. Les attributions du gouvernement, des conseils de préfecture et des tribunaux sont fixées par les règlements et la jurisprudence ; ainsi, nous avons vu que l'ordre, la confection et la direction des travaux publics sont du ressort de l'administration, c'est-à-dire que le préfet qui en est l'organe et le chef, doit déterminer la nature, les dimensions et l'emplacement des ouvrages qui les intéressent ; c'est donc au conseil de préfecture qu'appartient le contentieux de cette matière, contentieux que produira toujours l'intérêt spécial émanant de l'intérêt général, prêt à blesser à chaque pas le droit du propriétaire qui ne veut pas sacrifier son bien particulier dans le but du bien général.

Compétence administrative.

Le conseil de préfecture, sauf recours au Conseil d'État, est investi du droit de statuer sous ce quadruple rapport :

1° *Discussions entre l'État et l'entrepreneur.* — Les discussions concernent l'exécution de l'adjudication des travaux, et pourvu qu'on ne conteste pas l'existence ou la validité du marché, les conseils de préfecture doivent statuer sur les difficultés entre l'entrepreneur et l'administration relatives à la visite et réception de ses ouvrages, soit pour les vices, soit pour les défauts de construction.

Toute question de liquidation de la créance de l'entrepreneur relève aussi du conseil de préfecture, telles que demandes en indemnité de la part de l'entrepreneur qui aurait souffert des dommages du fait de l'administration, ou qui lui adresserait des réclamations sur le retard des travaux, provenant du manque de fonds ou des délais apportés par la procédure d'expropriation, sur les demandes exagérées que ferait l'entrepreneur pour des travaux supplémentaires utiles ou profitables à l'administration.

Si l'administration avait jugé convenable de résilier le marché, le conseil de préfecture peut apprécier l'indemnité réclamée par l'entrepreneur.

2° *Discussions entre l'État et ceux qui prétendent avoir souffert un dommage temporaire.* — Ainsi, toutes les demandes en indemnité pour le changement d'une route, la suppression d'un pont, la canalisation d'une rivière, de même que pour les dommages occasionnés par les travaux d'études préparatoires, relèvent des tribunaux administratifs.

3° *Discussion entre l'entrepreneur et celui qui prétend avoir souffert un dommage temporaire provenant de l'exécution des travaux.* — Tout ce que l'État serait forcé de faire pour l'ex'cution de ses travaux, est aussi permis à l'entrepreneur. Ainsi, les réclamations des propriétaires se plaignant de torts ou dommages provenant du fait des entrepreneurs, soit pour des dépôts de bois ou de matériaux sur leur fonds, soit pour une digue, soit pour l'exhaussement d'une chaussée ou d'une route, sont aussi de la compétence des conseils de préfecture.

4° *Extraction des matériaux.* — Pour l'extraction des matériaux nécessaires à la confection des travaux, il est permis aux entrepreneurs, pour leur prompte exécution, mais avec une autorisation préalable du préfet, d'employer le sable et les pierres appartenant aux propriétaires voisins; c'est une espèce de dommage temporaire, et pour ce fait il doit être de l'attribution des tribunaux administratifs de régler l'indemnité qui leur revient, soit à raison des fouilles, l'extraction des matériaux ou leur évaluation, de même que la réparation des dommages résultant du passage des voitures pour leur transport. Tels sont, en général, les cas où le conseil de préfecture devra statuer. Examinons maintenant dans quelles circonstances les tribunaux judiciaires auront à se prononcer.

Compétence judiciaire.

Nous venons de voir que la confection des travaux publics pouvait occasionner des dommages dont l'appréciation appartenait à l'autorité administrative, s'il s'agissait de dommages indispensables et nécessaires, le droit privé devant être sacrifié à l'intérêt général, sauf indemnité. Mais si les contestations qui se rapportent aux travaux publics ne peuvent être résolues que par l'interprétation d'actes privés ou par l'application des règles du droit commun, elles sont du ressort des tribunaux judiciaires. Ainsi que nous l'avons dit plus haut, peuvent être rangées dans ce cas, les questions de propriété des terrains dont l'administration ou l'entrepreneur se sont emparés pour l'exécution des travaux et les réparations des dommages qui ne proviennent pas directement de leur exécution. On aura recours aux mêmes tribunaux toutes les fois que les préjudices proviennent de l'entrepreneur agissant de son propre chef, soit lorsqu'il traite avec des sous-entrepreneurs, fournisseurs, voituriers ou autres ; qu'il fait des fouilles et dépose des matériaux dans des lieux où il n'était pas autorisé à le faire ; qu'il laisse divaguer les animaux servant à son exploitation ; que, par défaut de précautions, il occasionne des blessures soit à des hommes, soit à des animaux, et cause, par sa négligence ou par le vice de ses opérations, des dommages quelconques. Il en est de même pour les contestations élevées sur les conventions intervenues entre les entrepreneurs et les particuliers relativement à l'indemnité due pour extraction de matériaux, et celles élevées entre deux ou plusieurs entrepreneurs, au sujet du recours qu'ils peuvent exercer les uns contre les autres à raison de leur acte d'association.

POSITIONS.

1. C'est à l'autorité administrative et non aux tribunaux qu'il appartient de régler l'indemnité à laquelle peuvent donner lieu les dommages temporaires résultant des travaux d'utilité publique.

II. Les compagnies qui font exécuter les grands travaux sont regardées comme des entrepreneurs, pour, par là, être de la compétence des conseils de préfecture.

III. Le ministre étant le juge ordinaire du contentieux administratif, doit naturellement connaître, en matière de travaux publics, de toutes les difficultés qui ne sont pas dévolues aux conseils de préfecture par un texte formel, ou, tout au moins, par suite d'une analogie évidente.

Vu par le président de la Thèse,

G. BRESSOLLES.

Cette Thèse sera soutenue, en séance publique, le   août 1859, dans une des salles de la Faculté.

Toulouse.— Imprimerie BAYRET, PRADEL et Cᵉ, place de la Trinité. 12.